Inhalt

Die Bankenunion kommt - wie wird sie sich auf die Unternehmensfinanzierung auswirken?

Kernthesen

Beitrag

Fallbeispiele

Weiterführende Literatur

Impressum

Die Bankenunion kommt - wie wird sie sich auf die Unternehmensfinanzieru auswirken?

Gerhard Dengl

Kernthesen

- Schon seit der Einführung von Basel II gibt es eine anhaltende Diskussion darüber, dass eine stärkere Regulierung zu höheren Kreditzinsen oder sogar zu einer Kreditklemme führen könnte.
- Im Vorfeld zur Bildung der Bankenunion prüft die EZB während der kommenden Monate die Bilanzen aller relevanten europäischen Banken.

- Da die EZB keine "Altlasten" mitübernehmen will, hat sie ein großes Interesse daran, alle Kapitallücken auch tatsächlich aufzuklären.
- Die Kosten für das dann zusätzlich benötigte Kapital werden letztendlich auf die Kreditnehmer umgewälzt werden müssen.

Beitrag

Auf EU-Ebene, aber auch in der interessierten Öffentlichkeit wurde lange darüber diskutiert, ob Europa eine Bankenunion braucht oder nicht. Der Leitgedanke der Bankenunion ist, dass Verluste, die im Bankensystem entstehen, auch dort aufgefangen werden sollen, damit nicht in letzter Konsequenz wieder der Steuerzahler zur Kasse gebeten werden muss. Weil man gleichzeitig erkannte, dass Banken mit ihren Sitzstaaten finanziell stark verflochten sind und diese Staaten wiederum über die Europäische Union miteinander verbunden sind, entstand die Forderung nach einer europäischen Bankenunion. (9)

Die Naivität der Politik an dieser Stelle überrascht etwas. Es wäre nachvollziehbar gewesen, in jedem EU-Land eine Bankenunion zu errichten und deren Wirkungsweise über einen längeren Zeitraum zu erproben. Man hätte in diesem Fall sogar die

Effektivität einer solchen Konstruktion über Länder hinweg vergleichen können, um anschließend die erfolgversprechendste Variante auf EU-Ebene zu implementieren. Stattdessen wird versucht, diese vergleichsweise neue Konstruktion direkt auf EU-Ebene zu errichten, ohne dass Erfahrungswerte vorliegen und ohne dass es überhaupt einen Hinweis darauf gibt, dass die Konstruktion tragfähig ist. (2), (3)

Die Bestandteile der Bankenunion

Das Konzept der europäischen Bankenunion enthält folgende Bestandteile:

- eine einheitliche Beaufsichtigung ("Single Supervisory Mechanism", SSM) durch die Europäische Zentralbank (EZB) - ein einheitliches Aufsichtsrecht; dieses ist derzeit verwirklicht durch das "Single Rule Book" (SRB) der "Capital Requirements Regulation" (CRR), besser bekannt als " Basel III" - ein abgestimmtes Regime zur Sanierung und Abwicklung ("Single Resolution Mechanism", SRM) - ein gemeinsames Einlagensicherungssystem

Über den letzten Bestandteil wird derzeit zwar nachgedacht, er ist aber politisch noch nicht beschlossen.

Die ersten beiden Bestandteile, die einheitliche

Beaufsichtigung und das einheitliche Aufsichtsrecht, sind bereits in der Umsetzung. (2)

Sobald alle vier Bestandteile voll umgesetzt sind, so ist sich die EU-Kommission sicher, werden finanzielle Verluste, die im finanziellen Sektor entstehen, soweit wie möglich auch vom finanziellen Sektor getragen.

Warum Regulierung grundsätzlich Geld kostet

Jeder sieht mittlerweile die Notwendigkeit, dass Banken reguliert werden müssen, um das Finanzsystem zu stabilisieren. Nicht so transparent sind allerdings die Kosten der Regulierung. Obwohl auch die Kleinkunden der Banken betroffen sind, tragen Unternehmen die Hauptlast. Die Wirkungsweise ist immer dieselbe: Die Aufsicht kann die Banken am effektivsten über Kapitalanforderungen steuern, weil das ein Engpassfaktor ist. Um das Risiko einer einzelnen Bank zu begrenzen, wird die Anforderung gestellt, dass sie für jeden ausgereichten Kredit eine bestimmte Menge an Eigenkapital vorhalten muss. Damit ist die maximale Summe für die Kreditvergabe begrenzt. Erhöht die Aufsicht die Eigenkapitalanforderung, muss eine Bank entweder neues Eigenkapital beschaffen oder die Kreditvergabe einschränken. (6), (8)

Nun gilt für Banken, dass gerade Eigenkapital eine recht teure Art der Finanzierung ist. Man denke beispielsweise an das Postulat von Josef Ackermann, der seinerzeit eine Eigenkapitalrendite von 25 Prozent ausrief. Das bedeutet, dass die Deutsche Bank auf ihr Eigenkapital eine Verzinsung von 25 Prozent hätte bezahlen müssen. Das ist ein Traum für Aktionäre und ein Albtraum für die Bank. Wollte die Bank das gleiche Geld über Kundeneinlagen aufnehmen, müsste sie derzeit gerade einmal zwischen einem und zwei Prozent bezahlen.

Welche Möglichkeiten haben Banken um bei gestiegenen Eigenkapitalanforderungen noch rentabel zu wirtschaften? Im Prinzip gibt es nur einen Ansatzpunkt: Die Kreditzinsen werden auf breiter Front angehoben, um überhaupt noch eine Rendite erwirtschaften zu können.

Trends

Warum die Kapitalanforderungen auf jeden Fall steigen werden

Bevor die EZB die Beaufsichtigung über etwa 130

Institute in Europa übernehmen wird (darunter 24 aus Deutschland), führt sie eine groß angelegte Bilanzprüfung durch, genannt "Comprehensive Assessment". Der spannendste Teil dieser Prüfung ist der "Asset Quality Review", in der die Aktivseite der Bilanz genau unter die Lupe genommen wird. Es wird hier insbesondere geprüft, ob eine Bank ihre Risiken richtig bewertet, das heißt zum Beispiel, ob das Kreditrisiko für bestimmte Kredite zutreffend ermittelt ist. An das Comprehensive Assessment schließt sich noch ein Stresstest an. Am Schluss der gesamten Übung verkündet die EZB schließlich, ob eine Kapitallücke bei den Banken festgestellt wurde und fordert, dass diese geschlossen wird, bevor sie tatsächlich die Verantwortung für die gemeinsame Aufsicht übernimmt. (10)

Es ist relativ offensichtlich, warum die EZB diese Prüfung durchführt. Sie will nicht die "Altlasten" der bisherigen Aufsichtsregimes übernehmen. Stattdessen will sie sicherstellen, dass alle Banken unter ihrer Aufsicht ordentlich kapitalisiert sind, um nicht in wenigen Jahren selbst im Feuer zu stehen, wenn gegebenenfalls die nächste Finanzkrise ausbricht.

Alleine schon um den riesigen Aufwand zu rechtfertigen, müssen nun aber auch tatsächlich Kapitallücken gefunden werden. Es ist also zu erwarten, dass auf den Großteil der Banken tatsächlich höhere Kapitalanforderungen zukommen. Damit wiederum ist jetzt schon sicher, dass die Refinanzierungskosten der betroffenen Banken steigen werden. Dann ist es nur noch ein kleiner Schritt bis zu einer Verteuerung der Unternehmensfinanzierung auf breiter Front.

Am Beispiel von Deutschland bedeutet das, dass mindestens die großen Banken des Landes die Zinsen für Unternehmensfinanzierungen erhöhen werden. Das sind genau die Banken, die bisher für die Finanzierung des Mittelstandes und der Großunternehmen zur Verfügung standen. Man sollte sich vor Augen halten, dass europaweit 80 Prozent der gesamten Unternehmensfinanzierung über Banken erfolgt und nicht etwa über den Kapitalmarkt. (1)

Beteiligung der Gläubiger im Abwicklungsfall

Um den Grundgedanken der Bankenunion zu verwirklichen, nämlich den Steuerzahler möglichst schadenfrei zu halten, wird auch darüber diskutiert, inwiefern die Gläubiger einer Bank an den Verlusten beteiligt werden können. Die Gläubiger sind einerseits die kleinen Sparer und andererseits Unternehmen. Auch von dieser Regelung werden hauptsächlich

Unternehmen betroffen sein, denn kleine Einlagen bis etwa 100 000 Euro sollen durch das Einlagensicherungssystem geschützt sein. Die hauptsächlich von Unternehmen gehaltenen Bankanleihen dagegen sind potenziell ausfallgefährdet. (4), (5)

Fallbeispiele

Schiffsfinanzierungen auf dem Prüfstand

Namentlich werden Schiffsfinanzierungen als Kandidaten genannt, bei denen erwartet wird, dass das Comprehensive Assessment der EZB ergibt, dass deren Risiko bisher eben nicht zutreffend angezeigt wird. Betroffen wären in Deutschland die HSH Nordbank mit 27 Milliarden sowie die NordLB und die Commerzbank mit jeweils 18 Milliarden Euro. Obwohl Fachleute sagen, dass realistischerweise 25 Prozent dieser Forderungen ausfallen werden, wehren sich die Banken bis heute, die Kredite entsprechend abzuschreiben. Falls die EZB befindet, dass für diese Kredite noch nicht genügend Kapital zurückgelegt wurde, wird es zunächst für die betroffenen Banken teuer, und im Anschluss daran für deren

Kreditkunden. (1), (7)

Bei der HRE-Rettung würden Gläubiger nicht stark genug beteiligt

Im Nachhinein Glück hatten die Gläubiger der HRE. Dabei handelte es sich zumeist um Unternehmen und andere institutionelle Anleger. Nach einer Studie des Center for Financial Studies (CFS) wurden sie bei der Rettung im Vergleich zu anderen geretteten Banken vergleichsweise wenig belastet. Das soll sich mit der Bankenunion zukünftig ändern. (4)

Weiterführende Literatur

(1) Auf der Suche nach den Zombiebanken
aus Frankfurter Allgemeine Zeitung, 11.10.2013, Nr. 236, S. 14

(2) Europäische Bankenunion - auf dem Weg, aber noch nicht am Ziel
aus Zeitschrift für das gesamte Kreditwesen 20 vom 15.10.2013 Seite 1016

(3) Banken ernüchtert über Asset Quality Review
Umfrage: Zweifel an vertrauensbildender Wirkung

aus Börsen-Zeitung, 15.10.2013, Nummer 197, Seite 3

(4) Bankenretter verschonen Gläubiger Studie: In acht Fällen wurde Beteiligung vernachlässigt - Negativbeispiel HRE
aus Börsen-Zeitung, 16.10.2013, Nummer 198, Seite 3

(5) Gläubiger sollen früher ran
aus DER SPIEGEL vom 21.10.2013 Seite 63

(6) Die Banken und ihr Fitnesstest
aus Frankfurter Allgemeine Zeitung, 24.10.2013, Nr. 247, S. 13

(7) Bundesbank forciert Bilanzsäuberung Beim EZB-Test stehen unter anderem Schiffskredite und gewerbliches Immobiliengeschäft im Fokus
aus Börsen-Zeitung, 26.10.2013, Nummer 206, Seite 3

(8) Die Re-Regulierung des Bankensektors - zwischen Wettbewerb und Sicherheitsstreben
aus Zeitschrift für das gesamte Kreditwesen 21 vom 01.11.2013 Seite 1079

(9) UBS warnt vor Blauäugigkeit bei Bankenunion Verwaltungsratspräsident: Fiskalunion und gemeinsame Strukturen sind Voraussetzung - Forderung nach freiem EU-Marktzugang für Schweizer Banken
aus Börsen-Zeitung, 23.08.2013, Nummer 161, Seite 5

(10) Der Stresstest erscheint erträglich
aus Frankfurter Allgemeine Zeitung, 31.10.2013, Nr.

253, S. 19

Impressum

Die Bankenunion kommt - wie wird sie sich auf die Unternehmensfinanzierung auswirken?

Bibliografische Information der deutschen Nationalbibliothek

Die Deutsche Nationalbibliothek verzeichnet diese Publikation in der deutschen Nationalbibliografie; detaillierte bibliografische Daten sind im Internet über http://dnb.d-nb.de abrufbar.

ISBN: 978-3-7379-0537-4

© 2015 GBI-Genios Deutsche Wirtschaftsdatenbank GmbH, Freischützstraße 96, 81927 München, www.genios.de

Alle Rechte vorbehalten. Dieses Werk ist einschließlich aller seiner Teile – z.B. Texte, Tabellen und Grafiken - urheberrechtlich geschützt. Jede Verwertung außerhalb der Grenzen des Urheberrechtsgesetzes bedarf der vorherigen Zustimmung des Verlags. Dies gilt insbesondere auch für auszugsweise Nachdrucke, fotomechanische Vervielfältigungen (Fotokopie/Mikroskopie), Übersetzungen, Auswertungen durch Datenbanken oder ähnliche Einrichtungen und die Einspeicherung und Verarbeitung in elektronischen Systemen.